MW01300555

Cartas que guardo bajo la almohada

Miguel López

Fotografía de portada: @Young Shanahan / Flickr

ISBN-10: 1521018502
ISBN-13: 978-1521018507

MIGUEL LÓPEZ

Visita la web

librosdemiguel.com

Sígueme en

lopezbmiguel

lopezbmiguel

MiguelLopezEscritor

El amor se esconde todos los días,
a veces muy bien

Introducción

A veces el alma necesita expresar algunas palabras que no tienen posibilidad real de llegar a su destinatario.

Durante esas noches de tranquilidad, dc estar conmigo mismo, y de permitir que el teclado de la computadora recogiera cada una de las emociones que iban fluyendo, se fue acumulando un número importante de escritos que hoy presento en esta edición.

Espero que puedas disfrutar tanto lo explícito como lo hermético de estas líneas.

Ahorita

"Rechazamos el hoy, siempre lo hicimos a destiempo..."

No importa ayer, no importa mañana...

Tapar la luz del sol con nuestras cortinas improvisadas no hace que el sol deje de existir; así es en parte este amor que nos tocó vivir...
Cada uno atesorando instantes del ayer, rescatando diapositivas de segundos donde fuimos felices, en este presente que se conjuga tan duro, frío, retador, cambiante.
Rechazamos el hoy, siempre lo hicimos a destiempo, tú en primaveras, yo en veranos, y ahora que se acerca diciembre no sabemos si rechazarlo al mismo tiempo o aceptarlo simultáneamente...

No importa ayer, no importa mañana...

En la luz de la mañana descubro tu silueta a mi lado, en esta situación que nos coloca tan distantes, corazones lejanos, decisiones divergentes; la caprichosa intención del destino nos obliga a ver, a aceptar, abrir las puertas y dejar ir... pero nos recuerda diariamente que también lo podemos dejar entrar.

No importa ayer, no importa mañana...

Si en la pérdida debo sentir tu amor, así será.

Desconectar el reloj no detiene el tiempo, recordar me permite entender pero no cambiar las heridas. Soy lecho firme de tus deseos ancestrales de evolución. Soy alumno y profesor en tus manos, soy pecho silente que te resguarda de truenos, soy voz que te susurra al dormir y te pide materializar esos sueños.

No importa ayer, no importa mañana...

Solo sé que hoy duermo a tu lado.

Detrás de tu puerta

"disfrazar con su aroma el olor de tu piel..."

Camino y entro, la excusa es perfecta, no es por ti.

Sonrío, converso en la sala, no te veo, pero sé que estás ahí, escuchando desde el fondo de alguna habitación.

Tengo dos escenarios, en uno me veo a mí mismo, bajo la simplicidad de una visita social, sin exponer mi curiosidad latente, viendo el reloj, queda poco tiempo, pronto me iré.

En el segundo escenario solo estamos tú y yo, tú escuchas, sientes mi voz que duele en tu piel, y en esa ligera sensación de malestar y placer la impotencia se adueña de ti, y sigo sin verte, y sigo en mi otra escena.

Ya no puedo pronunciar un Volví, no puedo desear un Para Siempre, pero me encantaría un café, quizá un poco más fuerte de lo habitual, disfrazar con su aroma el olor de tu piel, que me envuelve.

Ya no puedo decirte Me Equivoqué, no puedo desear Volverme a Enamorar, en cambio solo quiero una llamada, un reproche agendado una vez en el calendario, una nota sin palabras sobre ese chocolate, y con cada detalle sin futuro, ir matando, poco a poco, nuestros desengaños...

Dos pozos, dos vías

"Que cada uno de esos ojos que portabas fuesen el espejo de mis propios recuerdos..."

Programaba la semana, programaba los días. Sentía aquel incómodo odio contra lo externo, cuando entre la gente permanecías invisible. Era preferible que me acostumbrara a tu maravillosa habilidad de aparecer en cada persona distinta, por meses, por años. Pero nunca tuve la certidumbre de que volvieras para sentirme en una conexión tan atemporal. Que cada uno de esos ojos que portabas fuesen el espejo de mis propios recuerdos, el pasaporte al país de las primeras cicatrices, la estela que me guía, que me aleja y que me toma en cada instante donde recuerdo lo que es sentir.

En esa renuncia tan insustancial que pretende abrir tu nuevo desembarque, nace la calle de los nuevos bares, lo bohemio de la noche oscura, que podría cobijar mis penas y tristes alegrías cuando en el día de mañana vuelva a sentirme perdido.

Entre tus sombras

"—Me siento incapaz de darte lo que no pides."

Dos risas se escucharon de fondo, junto con el ruido de todas las personas que se encontraban en el local, en medio de una conversación que no tuvo un comienzo claro.
En aquella mesa, con la luz tenue de una vela encendida flotando sobre el agua de una copa, podía haber espacio para dos o tres personas más, y sin embargo ninguno de los dos lo habría permitido.
—Me siento incapaz de darte lo que no pides.
—Ahorita soy tan solo un reflejo de esas expectativas que no dejas morir.
Si los cigarrillos fueran tesoros inconclusos de nuestra ansiosa boca, y si las canciones populares de amor se pudieran rentar para hacerlas exclusivas, los momentos serían únicos y físicamente inolvidables, pero cuando Soma alzó de nuevo su vaso, no fue para pedir perdón al universo por las palabras que no tuvieron vuelta atrás...

en realidad, sigue caminando...

Con tu respuesta no pronunciada

"Y de todo tu silencio prevalecen los gritos"

Es verdad. Al decir por tus miradas restablecidas en el desequilibrio lateral, estás regresando al punto de partida, al punto donde me preguntabas lo que yo aún no quería saber, y donde mis respuestas eran mejor traducidas en el trazo de mis manos por tu espalda.

No quiero rehacer la pregunta, pero mis pensamientos abundan y se convierten en guerreros sin causa, elevan y abdican al trono que tus largos y meditados dialectos hacen sobre mi silueta emocional.

Ya sé. Volver a preguntar no tiene sentido, respondiste hace meses; yo no pregunté entonces, quieres obligarme a volver atrás, quizás como juego de venganza, hacerme sentir como tú. Y de todo tu silencio prevalecen los gritos de querer hacerme luchar, y finalmente hacerme tomar lo que en realidad me corresponde, sin más preguntas.

El lienzo inalcanzable

"y siento que tú eres mi lienzo eterno"

Soy el pintor de tus sueños, aquel que traza primero contornos con las sonrisas que dejaste grabadas, y que transforma ligeramente las sutiles miradas en caminos de esperanzas.

Soy el que da forma a tus tristezas, congeniando con la emoción diaria de querer volver a nuestra tormentosa pero cercana época, y dejando que imágenes partan en un sinfín de adioses que no han logrado despedirnos.

Soy tu pintor favorito, el que dejas entrar en tu cuerpo, en tus miedos, y siento que tú eres mi lienzo eterno, el pincel de mis dudas, el que se revela y concede.

Aún no vemos nuestra entrega final, aún esperamos que seque ese cuadro magnífico, y mientras tanto, lo mejor es morir cruzando nuestros colores.

Tus legitimadas preocupaciones

"al ambiente donde solo nuestras voces se pueden entender"

A la vuelta de la habitación están los amigos comunes reunidos, entre sonrisas y confesiones de los tantos años que han pasado y que no lastiman las dudas de aquellas expectativas que se fueron al piso.

Tú, entretanto, mordiendo sutilmente el borde de tus dedos, con la inquietud en la mirada, con la impaciencia acostumbrada de ser una vez más quién edite el dictamen de mis pasos desencaminados. Es tu mirada, es tu forma de ver que aún mi destino no te refleja mi felicidad, y tu propia vida, tu propio compromiso son las barreras que te distraen incluso de pensar en mis posibilidades.

Levemente te vas a cercando, un comentario de mirada desviada me invita a una conversación discreta en la habitación que pudiera estar disponible, y ese aire de complicidad nos conduce rápidamente al sitio y al ambiente donde solo nuestras voces se pueden entender.

—Me preocupas.
—Lo sé, no tienes ni que decirlo.

Pero los días se fueron, la historia reescribió nuestros finales independientes, y continúa tercamente planteando los epílogos. Solo restan los días de la cosecha, donde ambos, sin ninguna envidia, podremos compartir ese éxito que desde hace tiempo estaba escrito, y que nuestras manos vuelven a retomar.

Te digo

el peso de mis pensamientos causa palabras ausentes...

El ruego de los latidos

"interviene la duda y el recuerdo de las heridas"

Sexta escena que se recupera del olvido pasado, de las acciones inequívocas que a la larga van forjando la secuencia de sus propias súplicas predestinadas a lo etéreo. Sol de rebeldes fragancias intermitentes, quiere subir con cada tono por los muelles de su cerrado ojo dormido, y continua la víspera, y son otros los implicados, nunca fueron invitados; al principio se quería preservar la luz de las almas que se desean, pero intervienen los signos, interviene la duda y el recuerdo de las heridas, intentando multiplicar las lesiones, las calaveras de doce meses que se apretujan en torno a esa llama azul.

En medio de la reunión alguien clama por la cordura, casi nadie puede reconocerle, es el noble de los sentimientos, tan maltratado por sus amigas las circunstancias y perseguido por los abogados de sus decisiones. El ritual parece detenerse un instante cuando la décima luna se posa en la región más alta del occidente que queda al sur, y en ese contar de los segundos cimentados, es cuando el color de las sombras se empieza a desvanecer, algunas comienzan a murmurar y a preguntar ¿cuál será el próximo paso?, ¿el salto puede ser revertido?, el navegante de nuevo pierde su mapa y debe tomar decisiones a ciegas, él ve dos luces, pero sabe que una es perfectamente coercible...

Traza de nuevo una estela zigzagueante con su dedo índice derecho, y pide retornar.

Tu Guanajuato

"...para qué pervertir nuestras sepultadas posibilidades?"

Podré tomar ese autobús, llegar y deleitarme del paisaje, allí en ese pueblo famoso, cuyo nombre estremece las imágenes de mis pesados meses; cada piedra que pise podría contestarme tantas dudas, pero nunca me atreví, no quise resolver las intrigas ni los acertijos, no hacía falta, ¿para qué volver a pensar en los vacíos?, ¿para qué pervertir nuestras sepultadas posibilidades?, el destino se encarga de reforzar el ataúd de anhelos mutuos y desbordados.

Queremos ver los lugares, los sitios, ¿podría ser yo el criminal que te recuerde las alegrías que viviste sin mí en esas calles?

Ya casi llego, no hay que tocar la puerta, es el sitio, la noche se transformó, no es hoy, es ayer, y desde la mesa de fondo tengo el ángulo adecuado para verte, para ver lo que nunca quisiste dejar ser mientras estabas conmigo, ¿infelicidades o sacrificios?

Dame el tema principal, allí está; la canción, la cantas, te dejas llevar por esa masa, y eres feliz, tienes miedo, por un segundo deseas compartir la energía conmigo, y aquí estoy, tan cerca que puedo tocarte, pero me alejo, aún te falta volar sola, sé feliz en la libertad, pero nunca cierres la ventana por la cual pienso entrar por el resto de mis noches de alcohol.

Abre la puerta

"...revertir el instante en el que todo cambió su camino"

Se nota la absurda actitud del silencio que hace dos meses nos hizo volcar en recuerdos. Cerrada la puerta tras tu salida, me incomoda volver a la habitación que aún guarda tu olor mal combinado con el mío, encender la luz es un acto innecesario, tanto por estos ojos que no desean ver la claridad de una iluminación que me hace escapar de estos pensamientos recurrentes, y por la terca aventura que representa interpretar esa molestia mal plagada de expresiones convencionales.

Compulsivamente mis manos tantean debajo de la cama, los cigarrillos se esconden, inútilmente, no los dejaría descansar en este momento. Cada vez que llegamos a este punto quiero abortar, quiero revertir el instante en el que todo cambió su camino, y es completamente imposible buscar una solución anestesiada.

Llamas, contesto, todo termina, para mí es otro comienzo, pero me queda la duda de que las personas y las circunstancias sean las mismas.

Crea-distancias

"...y ni siquiera podemos soñar con posponer los gritos"

Son dos o tres veces las vueltas que hemos querido dar sobre nuestros temas incompletos. Vamos pensando y discutiendo de las razones que nos justifican no luchar ni cambiar las circunstancias, que nos mantienen sin deseo, y ni siquiera podemos soñar caer de nuevo en la cama que saldaba el tiempo desperdiciado.

Cada oportuna caída de tu cabello es una señal de que las arenas que cuentan los segundos no regresarán, de los abrazos que podrían brotar la suavidad de la fortaleza que sabemos intercambiar, y ni siquiera podemos soñar con posponer los gritos y las patadas que interrumpían los buenos adioses.

Traza la estela que quieres seguir para partir de mi imaginario reposo, intenta sellar las cartas que aún no se terminan de escribir y que cuentan las desavenencias de dos corazones que se aproximan, pero nunca podrás comprobar si el camino que dejas en tu olvido era el comienzo de lo que ahora sueñas.

Y sin embargo te digo que vengas

"las barreras de la estupidez de querer hacer una vida perfecta"

Interrumpe la voz de tu renegada obsesión de decirme que los caminos entre nosotros no pueden continuar. Cada día, cada instante, pesan las palabras pesimistas sobre el encuentro que queríamos forjar cuando no importaba los detalles; cuando el instante no preocupaba de las acciones y sus consecuencias, cuando tu intención era gobernada por esa alocada pasión incondicional.

Siente la vida en el mundo, los embates de la ira, del odio y del poder; van y vienen las almas, los que no tienen cómo comer, los que no tienen ni cómo pensar, los que nunca van a razonar. Y a nosotros nos pesan las diferencias, y entre nosotros nos creamos las barreras de la estupidez de querer hacer una vida perfecta, una vida sin llanto, sin molestias.

Oye las estrellas del pasado, no dejes que los miedos sean guardianes herméticos de tu felicidad.

Zeptem en Miguel

"tierno calor que atenta desaparecer en cada sombra"

Despacio se separan los párpados que en la mañana buscan esconderse de la luz. Un minuto más; los sueños parecen libertar las barreras tangibles, y en esa incertidumbre de las letras que se cambian de intención cada 24 horas, nace gradualmente la esperanza de lo menos deseado.

Tic tac. Tic tac. La peor marca, el grupo de segundos que revelan imágenes de tonos atenuados, con las nubes transparentes del cielo profundamente azulado. Tiernas brisas, tierno calor que atenta desaparecer en cada sombra. Y los pasos no cesan; harán círculos, nuevos caminos o retornos, pero no pueden cesar.

Cardiomentiras

"...no embargan mis abrazos distantes la tibia agonía de tu voluntad por la distancia."

Ya lo sé.
Supuse que pronto buscarías respuestas mías aquí, pero no hay espacio para tus presentimientos, no te quise dar cabida desde un principio, no tuve ni siquiera la mínima intención de crear un lugar para el rescate de mis pensamientos, de mis emociones. No te hagas huracán de las tormentas enajenadas que surgen de improviso con éstos, los vientos del norte. No te hagas hojarasca que simula la subordinación de mis magros designios de luna llena.

Entiende los latidos, solo las pulsadas breves que van dirigidas a ti, no escarbes más allá, no consuelan mis ojos tristes tus húmedas resignaciones, no embargan mis abrazos distantes la tibia agonía de tu voluntad por la distancia.

Puedes caminar en contrasentido, puedes ir más allá de donde pueda alcanzarte, de hecho, el pasado es un momento de eterna sepultura, y no hay perdón, no hay hastío soportable, no tendrás un camino de regreso, los puntos de encuentro están al frente, únicamente en ésta dirección, la que señalan nuestros pasos circunstanciales, nuestros destinos perfectamente paralelos e irrevocables.

Ayer te pensé, no quise sacar conclusiones, tuve una imagen breve pero intensa de las posibilidades que hemos dejado atrás, y pude sentir que mis esperanzas ya no guardan ni un retazo de cuerpo, que tus pechos continúan fríos porque no eres capaz de vivir nuestras escenas. Sé que no tienes tampoco esperanzas, no lo quiero entender; es pagar tu propia deuda. Y te dejo estas líneas, tan presentes como esa imagen que retomas en tus noches de desborde; sentirás que la piel se encuentra abierta, tan dolorosa cuando recuerda calidez, cristalina por las gotas que condensan en otros textos, y aun con eso no llegará tu eco a mis labios.

La noche está comenzando, no me dejes dormir.

Clariños mios

"Esa mujer que vive en ti, y que de a ratos veo pasar,
quizás sueña lo mismo"

Tomé la locura de las botellas enormes, tomé desde temprano sin siquiera planificar un encuentro, quería hacer persistente el uso de tu paso oculto, por eso me sentaba de espaldas, siempre de espaldas, y no tuve la fuerza de evitar voltear aleatoriamente, sintiendo tu llegada, presintiendo tus brazos intentando rodearme por detrás de mi asiento.

Me creí muy soñador, me inventé tantas cosas, fugaces e inmorales, con las cuales intentaba cruzar líneas entre nuestras horas no programadas, y sin embargo no existe un inicio, no tenemos un punto de partida, no me has dicho "me gustas", no te he insinuado nada; estamos atentos a la cacería, estamos casi sin eje, pero con deseos claros.

Esa mujer que vive en ti, y que de a ratos veo pasar, quizás sueña lo mismo.

Senatorium

el alejarte no ha sido fácil, el encontrarte menos; estoy aquí...

Aniversidad

"no encuentras tu lugar y ahora quieres volar"

Un año de lectores cercanos, doce meses de líneas nocturnas, 52 semanas de lunas llenas y nuevas, y a tu paso mi alma, voy detrás de ti, como siempre, sin que me veas, sin hacerme visible. Soy tu aroma que se desvanece en la distancia, tu calor que se disipa cuando no estás.

Camino a tu paso, y en ocasiones te detienes, ¿Es una rosa lo que tomas en tus manos y hueles? ¿Ahora ves al cielo buscando profundidad?

Sigues caminando, apresuro mi paso, entras y sales de tantos lugares; no te detienes, no encuentras tu lugar y ahora quieres volar lejos. No sé volar, pero me dejo llevar, cierro mis ojos y coloco mis manos en tu hombro ¿A dónde vas? ¿A quién buscas? ¿Quién es ese al que te acercas?

Ya casi llegas, la tristeza me invade, lo ves con brillo en los ojos; él te responde, intercambias silencios, no hay palabras, no entiendo, no quiero entender.

Lo abrazas, me hundo, me reduzco, quiero despertar, mi dolor es infinito, quiero despertar...

...abrí mis ojos, mucha luz, tú me abrazas.

Hold aloof emotionally

"la música sigue sonando y aún observo más allá"

Mi mirada se queda siguiendo a mi propia velocidad la gran fila de carros que se encuentran de lado y lado. Cada vez estoy más cerca de la entrada, pero no hay espacio. Puedo empezar a sentir ese temor que todos tenemos de no poder llegar al lugar porque muchas otras almas están ancladas en el mismo deseo. Siguen los carros, a diestra y siniestra. Un lugar. Súbitamente, pero con destreza, logro avanzar y retroceder casi sin mirar para quedar perfectamente posicionado, a menos de cuarenta centímetros de cada parachoques.

Llegué, y aun así me cuesta detener el motor, la música sigue sonando y aún observo más allá, la eterna pregunta, suena y se repite, no, falso, no se oye, se siente, sincronizan mis latidos una especie de contraseña, de códigos que solo expresan esa ansiedad. Otra frase suena de la nada, "creo que nunca ha sido el amor mayor a las ganas de estar con alguien". El punto absorto de la mayor vulnerabilidad jamás posible para poder ser libre. Un pequeño impulso de valentía me ayuda a salir del carro, y emprender la subida después de acordar el contrato verbal de rigor con el hombre que los cuida.

Ahora me rodea el color verde, en todos sus tonos, con tantos niveles de luz que podría quedarme hipnotizado tratando de observar un solo elemento. Cruzo el portal natural que conforman los primeros árboles del camino, e inmediatamente siento como lastro la carga pesada. De aquí en adelante solo hay que dejarse llevar; ni el esfuerzo, ni las gotas de sudor, ni el jadeo pueden significar que estamos en contra de esa energía, no luchamos en contra de ella, más bien nos embelesa y nos conduce sin resistencia.

Ya no quedan preguntas, soy parte de la gran unión, y mis preguntas hallan voces en su entorno, sé que no las recordaré, pero mientras tanto vivo ese minuto de paz, mientras estoy aquí lo viviré, saberlo y verlo todo, y además ver como antes y después sufriré con la angustia y el deseo, pero no te daré las huellas, y no quedarán mensajes, volarás de nuevo a tu suerte y solo sabrás que Dios te está acompañando...

Marchitopolifonía de tu rosa

"no eleva la carga de tu anhelo mi propia conciencia"

¿Puedes volver a soplar las estrellas que alumbraban aquella noche? Por pocos momentos siento que de nuevo me hundo en sentido inverso, de espaldas caer al cielo, sin ojos capaces de ver que tus manos rodean mi alma, queriendo conducirla sin saber a donde, sin querer saberlo, y cómo me emociona saber que no importa el destino, que nuestra luz es suficiente, pero reaccionas; otra interrupción, esta vez no sonó el teléfono, no recordaste a la amiga, no fueron las manos soñadas, no eleva la carga de tu anhelo mi propia conciencia, ¿es quizás que nos estamos acercando a la última barrera?, ¿es posible haber llegado tan imprevistamente a lo que siempre deseamos y poco luchamos?

Ya mi mente se fue de nuevo.

Perdón por el tiempo ausente. Vuelve a marcar.

Sagrada entrega

"Pero mi sangre se hace tuya, y mi cura es mi muerte"

Presencia y letanía que se dejan verter por tus manos, entre tus dedos, para seguir un camino lento pero perfecto, tímido pero seguro, hasta mi rostro, hasta rodear estos ojos que no dejan de contemplarte, de buscar respuestas inútilmente en los tuyos, mirada con mirada, verme a través de tus pupilas sin saber que soy yo quien te besa, quien no cede el espacio a la distancia, quién aleja la pausa y comete nuevamente el error de ser quien te muestra tus sueños.

Aún no puedo despertarte, aún no quiero acabar de volar, dejemos los restos de la ventana que se quiebra, a un lado los espejos pueden ser cuchillos que se levantan entre nosotros, y sus filos nos quieren hacer reaccionar. Pero mi sangre se hace tuya, y mi cura es mi muerte, la tragedia que puede renovar la razón, las razones, las estrellas que te dije quería alcanzar.

Ya no puedo seguir contando los minutos, por favor tiremos las arenas, y seamos el preámbulo del fin, de la última bocanada, del pedazo remanente de luz que queda del día, porque finalmente he sentido, sin tener sentidos...

Cárcel temporal

"a las cinco de la tarde, se callaron todos los relojes."

Camila descendió caminando hasta llegar de nuevo a Caracas. La montaña a su espalda refleja la impetuosidad de su carácter.

—Aló.

—Camila, tenemos que hablar. Estoy muy confundido y tengo miedo de tomar una decisión equivocada.

Se arrepiente de no haber visto el número antes de atender y cuelga. Su semblante pasa inalterado entre los demás deportistas que se descansan a la entrada.

—Aló.

—Camila, tenemos que hablar...

Un escalofrío corrió por su espalda. Recuerda haber apagado el teléfono. Otra vez ve a los deportistas. Camila no advierte que, a las cinco de la tarde, se callaron todos los relojes.

Si las viejas letras pudieran tener vigencia

"no quiero tu llanto, ni las heridas que mi indiferencia te puedan causar"

La tímida lucidez con que tu sutil excusa de no lastimarme se convierte en un teatro, como quien juega con la poca esperanza que cualquier enamorado tiene de conquistar el amor anhelado. Ahora me siento casi en evidencia, pero no simplemente porque en una noche cualquiera, común, la madrugada derivó en preguntas curiosas, sino por el progresivo aumento de mis propias posibilidades de querer acercarme cada vez más a ti.

La manera más adecuada no siempre es la más precisa, de hecho, pocas veces podré pensar que las sencillas y clásicas tácticas pueden tener una consecuencia distinta que ocasionar tu distancia. Debo aprovecharme de un conocimiento mucho más valioso, y es que definitivamente te conozco y sé que lo que he hecho hasta ahora no es la manera de tenerte.

Pero eso no es lo que quiero, no quiero que te desvivas por mí, no quiero que llames, que suspires, que interrogues, no quiero tu llanto, ni las heridas que mi indiferencia te puedan causar; no quiero caminar de manos, sentir tu necesidad de estar conmigo por más mínima que parezca.

Solo quiero, que de vez en cuando, al caer la noche y tenga necesidad de viajar por esos territorios desconocidos, puedas acompañarme...

Vienen los ecos

"aún no muestres tu sonrisa, no es lo que busco"

A tu cama llevo la renovada calma de los días pesados, a veces es afortunado el que vive y siente lo terribles que podemos ser, pero no te levantes aún de allí, sigue tendida, incómoda, aún no muestres tu sonrisa, no es lo que busco, prefiero que me cuentes lo que fuiste, lo que fuimos hace pocas horas, en los momentos de semi-conciencia, las palabras, todo un discurso en serie y que parecía estar fríamente dispuesto para llevarnos hasta el presente, y ni siquiera fue un exceso.

A tu cama llevo el final de todo, el comienzo del ciclo, las horas dedicadas con mis manos al trabajo que esperabas, a la recompensa del hastío. Por eso te ofrezco de nuevo, tu desayuno favorito.

Despido la luna

“mi propia luz no es la que debe marcar tu camino.”

Despido de nuevo la pequeña ola que levantas dentro de mis recuerdos, como si los momentos más coherentes con la distancia estuvieran repartiendo invitaciones a mi encuentro. Despido el brillo que dejas en mis ojos, y que no han sido más que sutiles, queriendo tener siempre en cuenta que mi propia luz no es la que debe marcar tu camino.

Ya esta luna se va, ya esta luna me deja, pero los días son siempre generosos, y al cabo de tus propios ciclos, regresa ella, la otra, la que siempre me recordará que es posible seguir esperando más despidos...

Y a todos nos gusta mirar hacia atrás

"pero escogí esos días para no hacer todo lo posible"

Podría pensar que todo aquello se quedó incluso congelado en aquel momento, tu pasar, las miradas, la música que se repetía constantemente, pues sí, no puedo pensar en otra cosa, me gusta mirar ese atrás, sentir de nuevo el olor que tanto abundaba, en todas las ciudades, en todas las calles, de por sí paralizadas, sin mucho que hacer, todo un mundo que se reflejaba ante mi propia vida, que reflejaba mi propio sentido, pero escogí esos días para no hacer todo lo posible, y quizás es mejor, fue lo mejor, fuimos los mejores entre cada una de las palabras pronunciadas, entre cada rosa que cruzó de mi mano a la tuya, en cada uno de los pensamientos que al fin y al cabo nacieron para morir entre nosotros, para ser escritos pero olvidados, para ser abarcados en estas líneas, en las que aun queriendo ver atrás, solo consigo ver tu propio destino…

el olvido…

Sin esperarlo

"¿Qué clase de vida refugian esos labios...?"

Sin esperarlo, tras el aclarecer del día, con los sonidos de diciembre, los colores de Valencia entrelazados, casi fundidos en uno solo.
Sin esperarlo, solo un instante de ayer hallado en unos ojos, pero los años han pasado; unos ojos aún vivos, similares a otros, casi los mismos, pero la confusión nubla esta certeza de saberte reconocer, de creer que cada milésima que transcurre mientras camino a tu lado pudiese ser tan valiosa. Y como saberlo si no lo esperaba.
Sin esperarte sigo pensando, cada detalle de tu rostro que aún no olvido, rostro de juventud, rostro de ilusiones, todo en color azul, todo en risas, celebraciones, licor y despedida.

Casi sin saberlo me alejo, me aturdes, nuevamente te veo, pero me pierdo, ¿Qué está pasando con este momento? ¿Qué clase de lugar y tiempo se ha interpuesto entre estos colores?
Pero si fuesen esos ojos, ¿qué tanto ha cambiado?, ¿qué tantos segundos de aquellos se han vivido con otras almas, con otros cuerpos? ¿Qué clase de vida refugian esos labios durante épocas?, como si buscara hacerlos madurar, perfeccionar las formas y las maneras. Hacer de ese postre un nuevo elixir, aún con destellos básicos de sus inicios.

Sin esperarlo oigo tu voz, confirmo la dicha de tu presencia, confirmo que aún presentes permanecen distantes, y sin esperarlo solo me alejo, solo libero mis palabras en silencio, solo creo que aún es tiempo de sentarse en lo alto y contemplar, porque esos labios no son como antes y porque tus ojos se alejan sin esperarme.

Cómo me vacío en ti

"...caballeros armados que sean fieles representantes de mi cruzada"

Siento que en algunas madrugadas me vacío en ti, y tu existencia se vuelve complemento de mis propios temores, no tan cerca de mis latidos, no tan distante de mis anhelos, estás simplemente allí, entre los dos mundos que parecen nunca unirse, como queriendo demostrar que mis comunes búsquedas han sido creadas más allá de mi capacidad personal para elegir diariamente.

Es un destino que entrecruza tus benignos ojos con las nostalgias de mis momentos, o quizá lo que dejo de ver por verte a ti es la inmensidad de todo un plan que atenta contra mi querida obsesión de volverte a besar.

Quisiera compartir el trecho con el equipo más especializado, quisiera contratar caballeros armados que sean fieles representantes de mi cruzada y me permitan desenvainar las espadas en nombre de la fuerza y la protección necesaria para liberarte.

Simplemente, quisiera ser parte de la etapa final que siempre termina convirtiéndose en un nuevo comienzo, y que la razón de la próxima batalla dejaras de ser tú...

...para ser nosotros.

¿Son nuestros sueños alimento de lo imposible?

"ver como la luz penetra en tus párpados a pesar de estar cerrados"

La representación física más cercana a los lugares que rondan entre los sueños; pocos detalles habría que agregarle.

No sería difícil imaginar que entre esos árboles se anhela el refugio, acompañado de las miradas que se distancian, de las miradas y las sonrisas que cruzan ligeramente el espacio de los meses, del caer entre el abismo del sentimiento en luna llena, o de cruzar las luces nocturnas con un paréntesis entre tanto silencio.

No sería difícil soñar con los castillos de arena, que frágiles a tu propio paso podrían ser reflejo de mi propia entrega, no completa, no eterna.

No sería difícil desear ver como la luz penetra en tus párpados a pesar de estar cerrados, a pesar de no querer ver hacia este lado, y la brisa intentando rogar por mí, seduciendo, acariciando, llegando hasta lo más profundo para darte una muestra de lo que siento al poder, finalmente, tenerte allí.

La gallinita dijo eureka

"que te deja y su semilla germina"

Solía oír tus pasos por aquí cerca
solía sentir una calidez total
en mejores momentos incluso, te vi.
La dicha de saberte,
como se sabe acerca de la ciencia,
una certeza demostrable, y más,
sentí alegría por tu sonrisa.

Simplemente tu energía venía,
como acercándose a todo,
sin alejarse de nada, ni de ti,
y por eso quise gritar,
la emoción hecha sonido,
el sonido siendo hueco, y eterno.

Hoy tengo la estela, la vida dejada,
un poco de ese color que tenías,
unos pétalos del paso distante,
pero, ¿sabes?, a lo lejos
siento más aquella emoción,
que se hace invencible, contenta,
que te deja y su semilla germina,
en las palabras no escritas,
en las frases no pensadas,
en el salto no dado;
es el vacío que te permite crecer,

¡es esa energía de lo no existente,
que tarde o temprano, hace existir!

Si la distancia ya existía a tu lado

"a la ausencia anunciada"

No me dejo olvidar en los pocos días que han transcurrido a tu distancia, y brevemente me doy cuenta de lo difícil que es permitir que así suceda, pero lo borro de mi mente y nuevamente me repito que es lo mejor, que las cosas que espero vivir son incompatibles con tu presencia, y que de alguna manera los finales nunca llegan, solo hay intermedios, van y vienen por ahí, comentándose entre las voces que nunca oímos, entre los ojos que nunca vemos, entre el mundo y el universo que solo existe para que finalmente nos hagamos parte de él... de ellos.

Así que en este intermedio me entrego a las intuiciones de la fe expresadas en sus escritos, a las palabras que endulzan mi propia resistencia, a la ausencia anunciada, a la victoria más lejana... pero quizás, aquí me quedo, más a tu lado que antes.

El doblaje de una huella

"el juego del azar y la providencia"

Un poco de marcianidad en esta vida en la cual con los pocos segundos que tuve de compresión basada en terceros, pude entender que de alguna manera es parte de la perfección del universo poder ver las cosas que me permitirían tomar decisiones sabias, pero no lo hago. En cambio, voy a tientas compartiendo las imágenes que llegan, imágenes que no son las que pido, imágenes que vulneran mis sentidos hasta volverlos básicos, pero allí están, y allí siguen.

Que miedo siento... y que no escapa al común de aquellos que en la misma situación piden lo que primero se concede: La compresión, y con el juego del azar y la providencia, termina siendo una nueva inquietud demostrada, no siendo los mismos resultados deseables por el "ideal", pero que sin embargo, te permiten conocer y tener cierta magnitud de la capacidad de nuestros propios deseos.

...Y a ti, en verdad, te mando de nuevo la afirmación que permanece escrita en forma de pregunta, te mando junto a ella las palabras en color sepia que jamás volverán a envejecer, pues en ellas reside la ausencia de tantos años entre tus pupilas...

De fondo

“son dos los cuerpos, es ninguna la conciencia...”

De fondo el vacío, de fondo el silencio, estático, detenido en un instante sin después, con los ojos de cristal, con el rostro despierto y la mirada ausente, recordando una palabra, las palabras, y a lo lejos imágenes, a lo lejos y de frente está la noche, las luces y las cosas.

De fondo un por qué, de fondo un cómo, un cigarrillo encendido, incapaz de tomarlo entre los labios tiesos, sólo se consume al transcurrir un tiempo hueco, al pensar en lo poco, al pensar en tu cuerpo junto al mío, viéndolos morir, devastarse mutuamente; son dos los cuerpos, es ninguna la conciencia, es ninguno el corazón.

De fondo me encuentro de rodillas, de frente la noche, quizás si me quedo aquí podría ver el amanecer, quizás si trato de hablar pueda borrar otra herida, quizás no quiero que eso pase, me pregunto si un amanecer me puede hacer bien, me pregunto por qué esta brisa helada no me entumece.

De fondo tengo un par de recuerdos, de fondo se sigue oyendo el silencio, y el vacío se parece a una resaca, tal vez no vendrá un amanecer, soy el asesino de mi propia alma, soy el verdugo de mis sentimientos, y el problema no solo es de fondo, y el contexto se nubla, y mis ojos se cierran, y poco a poco me duermo...

...de fondo estás tú.

Soñando

Despierto, no te veo a mi lado.
Quizás es una pesadilla. Seguiré durmiendo.

La tormenta

“desde lo alto observa más allá, su vista siempre descifrando el horizonte”

...la mar golpea fuertemente la proa del barco, ya oxidado por el implacable salitre del agua marina y los efectos del sol diario. El capitán Algo busca dirigir con precisión, sujetando fuertemente el timón con vista hacia las zonas menos tempestuosas, pero el viento sopla implacable de un lado a otro. Presiente el fin del viaje. La tripulación se siente confundida al ver que el capitán gira varias veces el timón como pretendiendo llegar al sitio más crítico de la tormenta.

La niebla ocasiona que cada relámpago pareciese venir en todas direcciones, sólo el ruido confirma la ubicación. Era el cuarto día de lluvia, pero los vientos amenazaban con hundir todo lo existente sobre las aguas.

Todos tratan de mantener su mente en el trabajo que les corresponde, si alguno falla podría ser un fin inmediato, pero no pueden dejar de preguntarse ¿qué hará el capitán ahora?; no puede explicarlo, tan solo permanece inmutable, cambiando el rumbo vertiginosamente.

Pero el capitán, quizás sin saberlo, confía en un marinero en especial, Soma, que permanece en su puesto de observación, atento a ese horizonte tan borroso. No hay comunicación entre ambos, la lluvia y el viento no permiten el viaje de sus voces; sería inútil hasta el más fuerte de sus gritos. ¿Cómo podría saber Soma lo que el capitán Algo busca? Todo pende de ese tiempo que llevan juntos; no es la primera tormenta que atraviesan, tiene que haber mucha experiencia previa que les permita saber qué necesita uno del otro.

El capitán Algo no dice nada, solo su mirada fija en la proa, con sus manos aferradas fuertemente al timón. Soma desde lo alto observa más allá, su vista siempre descifrando el horizonte, y el resto de la tripulación permanece nerviosa, intrigada, ¿qué buscarán?, ¿cuál será la oportunidad para salir de esta situación tan orientada hacia el fin del largo viaje, a la muerte del capitán Algo, Soma y el resto de la tripulación?...

¿De qué se valen?

"formando esas palabras que no quieren ni existir"

¿Lo merezco?, ¿merezco tu cariño o tu amor?
¿Merezco tu alegría o tu felicidad?
¿Merezco tu cuerpo o tu alma?
¿Merezco tu llamada o tu presencia?

¿De qué se valen las palabras para viajar tan lejos y no decir nada?, ¿de qué se valen nuestros labios al moverse sin sentido formando esas palabras que no quieren ni existir?...¿Cómo atesorar el tiempo que transcurre con sonidos agudos, falsos, de mentira en verdad?, ¿cómo decir te quiero olvidando las promesas rotas por esos mismos labios?...

Y ya, después de mi muerte

"...la verdad desnuda guarda oculta detrás de su corteza
el hueso de cereza de una duda."
Joaquín Sabina

...Y ya después de mi muerte surge "mi soledad"; remontamos en pensamientos, un mar de dudas ocultas en las certezas. Nuestro conocimiento nos ancla a una vida ajena de despreocupación, sin embargo, hay momentos de escape, de poder "dejarlo todo y largarse" como en un sueño de corta existencia, de tenencia impropia.

Y veo cómo te pierdes en ese silencio tan escandaloso, confundiendo emociones, de plantas mutiladas que intentan formar nuevos tallos, bajo aquella luna que mengua y recuerda una pérdida.

Voces de fondo y todo adentro sigue hermético, voces de fondo y algunas destacan más que otras; pero ninguna rige, y en el fondo no hace falta, de alguna forma el azar impone y guía, mutila y regenera.

Pierde tu voz y deja de volar, dame vida de cristal; róbame el frío que brota, y, sobre todo, no permitas la coherencia en estas líneas...

Tu sonrisa

"No me digas que no vuelves, no me digas que me amas"

¡Que aquella, tu sonrisa, aún me encanta y provoca! No me pidas que no te vea de esta manera porque sino no tendría sentido mirarte y seguir pensando por cada segundo: ¿qué pasa en aquello que hoy llamo la inmensidad de tu silueta? ¿Cómo armo la palabra que pueda borrar tu nombre y deshacerlo todo con un sólo impulso?, ¿cómo escucho tu voz y trato de mantener mi respiración normal sin que mi cuerpo te grite "¡Abrázame, que sin tu piel junto a la mía muero!"?

¿Cómo darle explicación a una forma de permanecer a tu lado, sin idiotizarme, sin creerme bufón de este juego que tú y yo sin querer nos hemos inventado?

Quisiera inventarme mil maneras de conseguir tu mirada, quisiera que tocarte no fuera simplemente eso porque mis dedos se alimentan de tu piel.

Toma la rosa que he dejado marchitar en mi cuarto, porque ella tiene el color de tus labios y deja que me lleve un beso tuyo porque sin la rosa me quedo.

No me digas que no vuelves, no me digas que me amas. Ya la historia de esta felicidad eterna tiene quien la escriba de otras formas. Tu canto conlleva a creer en las Adas que en silencio claman por un piano que en la lluvia permanece guardado.

Déjame dormir en silencio, guardián de mis sueños, porque tengo sueños que me atormentan y sólo tu presencia puede cambiarlos...

...ya quisiera despertar.

Tu sol, y el espacio

"y el sueño se desvanece en un infinito instante de espacio."

¿Sabes?, a veces creo en tu presencia, y es como si el espacio se volviera tiempo y las luces se apagaran, mientras, estando bajo el manto de las estrellas, creyera en tus ojos, los que ahora comprendo no he visto, y la luz del sol me ciega nuevamente, y el sueño se desvanece en un infinito instante de espacio.

El letargo de tus ideas hace que se me borren las nubes del cielo, y la calidez del apagado horizonte se acerca a mí, cual barco al muelle de anclaje.

Mi mar es de sol. Mi playa es de agua. Mi sol es de arena. Tú eres irreal, y yo creo también serlo, pero puedo palpar mis brazos, y luego mi cara; tengo cuerpo.

Tengo dos ideas. Tengo dos rutas. Tengo, tengo, siempre he tenido; como queriendo tenerte a ti también, y se me borra el sol, y se me acaba el espacio.

Frente a tu abismo

"no salgo corriendo de la situación que de alguna manera he querido que sucediera"

Los detalles pueden pasar desapercibidos, pueden ser tan sutiles que, a pesar de haber sido contemplados en un pequeño instante, el tiempo se encarga rápidamente de hacerlos volver a la nada.

Pero una serie de detalles es difícil de olvidar, pues entre ellos se crean relaciones, interpretaciones un poco más abstractas de lo que podemos llamar mensajes, mensajes de acción, de reacción. Un par de motivaciones que pueden resultar más intensas si se mezclan con las emociones.

Pero ¿hasta cuándo la emoción?, ¿hasta cuándo esta historia que continúa escribiéndose en tu propia distancia?, distancia incierta, sin voz, sin conocimiento, ni siquiera ubicación.

Pues las letras abarcan la incertidumbre y hasta ahora solo logran fijarla en un recuerdo eterno. No destruye ni construye conclusiones, no desata ni genera alternativas a la condición de las grandes palabras que siguen recorriendo mi mente.

Aquí es donde comienza el fin, con una fecha, con mi propia partida. Aquí es donde grabo con letras mayúsculas la acción de mi propia distancia del escenario. ¡No es la otra posibilidad!, no es la huida, no salgo corriendo de la situación que de alguna manera he querido que sucediera, simplemente me entrego a dejar que fluyan las acciones de este plano material, ese plano que tendría que conducirme a mantenerme un poco más allá, en otro sitio, donde quizás reencuentro y levanto las piezas que desde un principio intentaba armar.

Pero ahora sé de ti, de ti y de los momentos, de ti y de las horas… entonces ¿cómo me borro?, ¿cómo regenero este estado que intentaré de alguna manera simular que existe, que permanece, creyendo que las acciones aún no me separan de las piezas, que las emociones se encuentran congeladas, sin ganas de morir, pero intentando permanecer cálidas?

¡No renuncio!, pero no comprometo lo que el azar de nuevo pone en el juego de lo que no conocemos, no comprometo un futuro de pensamientos mientras ni siquiera vea tus propias convicciones siendo influenciadas por estas energías que van y vienen, energías de un ciclo indescifrado, energías que se mueven con tal intensidad que no logro aislarlas de mi propia cotidianidad.

Quizás borrándome consiga ejecutar un objetivo práctico, como lo único que me permitiría esta pausa no deseada pero necesaria; la maduración de los pasos, la comprensión de los significados, aunque de todas formas no gano ni pierdo al entregarme a los razonamientos ni a las interpretaciones.

Solo deseo actuar, cuando llegue el momento…

...pero no sé si ese momento, es el paso que me corresponde buscar.

Luna llena

¿dónde me escondo si tu luz me persigue?

No hay puerta que se cierre tras de ti

“nada parece real, porque es mentira que te lo llevas todo”

Son las horas en las que me peleo con la soledad, esas horas largas, inquietas, donde no tengo ni siquiera tus gritos para llenar el espacio.

Son las horas del pensamiento, de rebuscar los recuerdos, de querer jugar al destino para componerlo todo, de escribir la última línea de esa postal.

Pero cuando te vas, no hay puerta que se cierre tras de ti. Tu cuerpo se aleja, pero tu presencia permanece, como permanece el sentimiento. Gritas adioses, gritas hasta nuncas, y ya nada parece real, porque es mentira que te lo llevas todo. Me dejas siempre lo más difícil de cargar, como quien hace una fiesta y deja la basura. No tengo ayuda, es un trabajo en el que nadie me acompaña, en el que nadie quisiera estar conmigo.

Te vas y la puerta no cierra, los seguros no pasan, no pueden contra esa fuerza, protegen de extraños, pero tú no lo eres, nunca lo fuiste.

Te vas, pero pronto regresas.

Palabras finales

Esta recopilación llega hasta tus manos para cobrar vida, cada lector se fusiona de una manera diferente con estas líneas.

Me gustaría conocer qué palabras y qué emociones despiertan en ti al terminar de leer.

Por favor comparte tus comentarios en la página de esta obra en Amazon; quisiera leerte también.

Atte.

Miguel López

Índice

Otros libros recomendados:

Serie "Cartas Nocturnas" (Libro nº2):
Cartas que escribiría sobre tu piel es una recopilación de varias cartas en prosa poética que evocan sentimientos de deseo y de placer, entre meditaciones nocturnas, pensamientos, rescatando los momentos que se han vivido, pero sobre todo, recordando que nuestra piel tiene su propia memoria.

Puedes conseguir este libro en:
Amazon EEUU: https://www.amazon.com/dp/B072338FZ8
Amazon España: https://www.amazon.es/dp/B072338FZ8
Amazon México: https://www.amazon.com.mx/dp/B072338FZ8

Serie “Cartas Nocturnas” (Libro nº3):

Cartas que aún te esperan es una recopilación de varias cartas en prosa poética que evocan sentimientos de amor y nostalgia, voces que surgen en la espera romántica. Se caracteriza por simbolizar un momento diferente en este viaje de expresiones solitarias sobre un amor que, estando presente o estando ausente, nos ha transformado.

Puedes conseguir este libro en:
Amazon EEUU: https://www.amazon.com/dp/B077NM6NZ4
Amazon España: https://www.amazon.es/dp/B077NM6NZ4
Amazon México: https://www.amazon.com.mx/dp/B077NM6NZ4

Serie "Cartas Nocturnas" (Libro nº4):
Cartas que te escribí antes de conocerte. El amor no siempre comienza en el momento en que dos personas se conocen. Para algunos el amor comienza antes, mucho antes, cuando descubren esa necesidad interior de querer compartir su vida con alguien más. Este libro es el eco de esas emociones que nacen durante la espera de ese amor total, definitivo, de ese destino que todos nos merecemos.

Puedes conseguir este libro en:
Amazon EEUU: https://www.amazon.com/dp/B07BJD3VTJ
Amazon España: https://www.amazon.es/dp/B07BJD3VTJ
Amazon México: https://www.amazon.com.mx/dp/B07BJD3VTJ

La **Antología Poética** de Iván López es una recopilación de los principales poemas escritos por este notable autor venezolano, que recoge obras inspiradas en numerosos temas de su propia vida, como el amor por su pareja, por sus hijos, y por la tierra donde tuvo la oportunidad de crecer y vivir la mayor parte de su vida; Yaracuy.

Puedes conseguir este libro en:
Amazon EEUU: https://www.amazon.com/dp/B072JWVTJF
Amazon España: https://www.amazon.es/dp/B072JWVTJF
Amazon México: https://www.amazon.com.mx/dp/B072JWVTJF

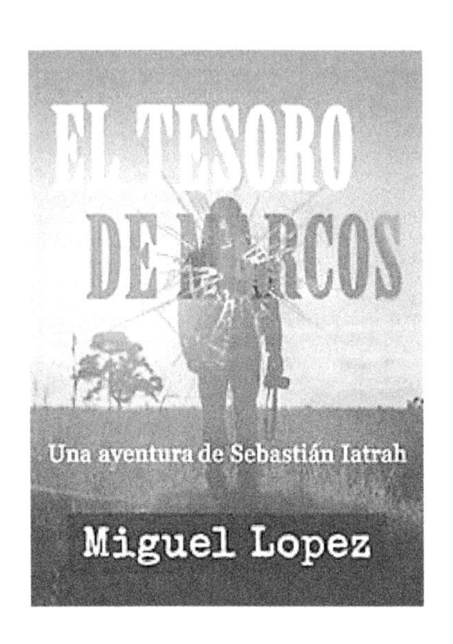

Novela **El Tesoro de Marcos**:
Sebastián es un periodista novel, que encuentra dificultades para conseguir un trabajo decente que pueda ayudarle a cubrir sus gastos. Agobiado por un jefe molesto, un padre malhumorado y una novia asfixiante, decide tomar una misión internacional a uno de los países más peligrosos del nuevo continente. Acompaña a Sebastián a descubrir increíbles paraísos tropicales del caribe, a conocer una de las principales capitales de Latinoamérica, bañarse en una de las playas paradisíacas del caribe tropical, volar sobre el salto de agua natural más alto del mundo y adentrarse en la selva amazónica.

Puedes conseguir este libro en:
Amazon EEUU: https://www.amazon.com/dp/B0756PJBHF
Amazon España: https://www.amazon.es/dp/B0756PJBHF
Amazon México: https://www.amazon.com.mx/dp/B0756PJBHF

Cuentos para leer en familia de Iván López es una recopilación de cuentos escritos por este notable autor venezolano, que se caracterizan por ser historias con aprendizajes valiosos que pueden ser comentados y compartidos con los más jóvenes de la casa. Sin duda, esta obra es una combinación perfecta entre el humor, la aventura, los valores y las moralejas, por lo tanto, se percibe como una forma muy amena de aprender leyendo.

Puedes conseguir este libro en:
Amazon EEUU: https://www.amazon.com/dp/B071G56485
Amazon España: https://www.amazon.es/dp/B071G56485
Amazon México: https://www.amazon.com.mx/dp/B071G56485

Made in United States
North Haven, CT
13 May 2023

36533045R00059